生活如同谜语

必须经历一个过程

安澜的夜里

才会轻轻倒映出星月

猛然抬头

才会发现生活的谜底如同钻石

一颗一颗

无声闪耀在幽邃的天际

生活如同谜语

必须经历一个过程

安澜的夜里

才会轻轻倒映出星月

猛然抬头

才会发现生活的谜底如同钻石

一颗一颗

无声闪耀在幽邃的天际

发现爱的过程

洪蕾洁◎著

谨以此书献给

过去、现在爱我和我爱的人们

自序

据说，古人结绳以记事，以后看到绳结就会忆起那件事来。当我因为整理诗稿而一遍遍检视这些曾在灯下、在行走时一字一句忖思、撰写的文字，悠悠忆起许多无法复返的时光、不会重现的心情，仿如平静的水面被投入石子，寂静的琴弦被素手撩拨。那些翻涌而出的喜乐哀愁不免令人心折，可同时又因着通过只言片语的美好得以重温过往如风飘散的岁月，仿佛再一次见证自己的生命轨迹，不免于唏嘘中又感到一丝丝慰藉。

所以我想，诗歌就似这些绳结，是一种媒介、桥梁，连接过去与当下、个体与存在、诗人与读者。正常的生命进程让人不断遗忘，丢开旧的、迎接新的，在日复一日的睡眠中不断抛弃过往，无知无觉且无能为力。而诗歌的力量，却是将瞬间凝固为永恒，如一颗珍珠、一块琥珀，很微小，却让你在凝视它的时候，与另一片时空、另一个世界、另一颗心灵连接，令生命的维度得以拓展、延伸。

“采摘一百朵花的美好/酿造一滴甘醇的蜂蜜/生活苦口/倘若就着这一滴/使一切变得可以下咽/那么所有的辛劳/便有了非凡的价值。”我想，假如将生命中的遭逢都当成酿蜜的原料，那么所有遭逢都值得感谢，而那被酿出的蜜，就是生命的真谛、心灵的智慧、永恒的美善。小小平凡的我，誓愿做一只辛勤的蜜蜂，用心把生活中的酸甜苦辣精炼提纯，酿造出清香醇美的诗意奉献给读者，以期为粗糙躁动的生活带来一分清凉、一丝甘甜——这或许就是诗人最大的期许，亦是一首诗最大的价值。

生活琐屑，年岁渐长，写诗越来越慢，笔尖的滞涩甚至常常令人担忧。但我依然会坚持写下去，努力像一只萤火虫，用一点荧荧的光，照亮自己，也试着照亮一小片夜空。

感恩每一位关心、支持和帮助我的朋友，祝福所有与诗结缘的朋友都能获得心灵的宁静，迎向更加开阔的人生。再次感谢！

二〇二二年八月　写于上海

目录

卷一　你是黑夜藏起的星光

卷二　尘埃会在时光里落定

卷三 我在岁月里成为英雄

卷一 你是黑夜藏起的星光

直至用很暖很暖的心
将生活的坚冰融化
方才发觉
在适当的时刻
美丽会如期绽放
一簇簇　如同春日清晨
带着露珠的花儿一样

当我们年轻的时候

长者们说
当我们年轻的时候
要用力地去活
用力地去爱　去感受

在年轻的时候
要勇敢地把心交给一个人
让它欢乐　让它疼痛
在美丽的晨风中想念
在缓缓湮没的霞光里伫立
在陌生人身上找寻相似之处
在拥挤的街角张望一道背影

让它不住地慨叹缘来缘散
不住地寻寻觅觅

当很多很多年后

于某个寂静的深夜蓦然想起

心口依然隐隐颤动

提笔写一封信

却最终发现无处可寄——

如此　我们才可以说

“我们曾真正地年轻

我们曾真正地　活过一季”

2020.10.13

因为年轻，所以才放肆、无所顾忌，不怕跌倒，相信伤口总会痊愈、明天的明天总会有阳光出现。当我们老去后，一切都变得力不从心，感受淡化，恢复缓慢。所以趁着年轻去不断试错、不断修正，像春天、像夏日蓬勃的小树苗，敞开怀抱迎接浇灌给它的一切吧。

那本名叫爱情的书

是源于一种迷信
还是某种流行
为何我要一再地读你
一再地放下又拿起

远非容易亲近
甚至拒人于千里
那些迷幻的爻卦
那些玄奥的文辞
让我一次次颤抖着叹气
却又不管不顾地沉迷

我的伤痕　挫败与尝试
倘若果真抱有什么目的
也该微笑着承认

所有煞费苦心

一切流泪坚持

皆是源于爱你

源于渴望穿越表象

去理解那灵魂　深藏的真理

2019.9.10

那是一本奇怪的书，深奥难解却久负盛名，明明自古便没有几人真正读懂，却口耳相传、名声愈噪。是否基于这种背景，我才始终不肯放弃，哭着笑着，对你一读再读？

织女星

智者说

在人群失散后

要站在高处

安静地等待　张望一会儿

那么　我努力

把自己变成一颗星星

昼夜在天空闪烁

是否我那失散的爱人

就能遥遥看见

然后穿越长河

不顾一切地　狂奔向我?

2020.10.25

也许走了很长的路，转角依然无人等待。爱，也是人生的一个课题，需要慢慢研究、慢慢学习。“信者得爱”，愿你虽狠狠跌倒过，但依然选择勇敢、选择怀揣信念：宇宙中那个不完美却无可取代之人，也正穿越千山万水，努力地朝你奔来。

心灵电台

如何靠近　一颗心灵
如何收听　它的欢唱与悲吟
你若问我　我只得对你说
不是用言语　不是靠眼睛
必得　在深沉静谧的夜
当天边的月　升起
低低伏于它身侧　屏息　凝神
仿佛　捕捉山谷的一声空响
如此守候　那只美丽的飞鸟
轻轻地　掠过远方

2020.9.28

你是否听得见我说话？听得懂我说出的话？还有那些我没有说出的话？甚至比我自己更先一步，了解那些还未形成言语的、潜在的想法呢？

与天使相逢在人间

想必是一颗流星　听见我的许愿
化作天使偷偷来到人间
如此温暖　炽烈
好似一颗太阳
照亮我曾幽暗的小小世界

带着翅膀的你　闪着光环的你
粲然而笑　倾吐芬芳的语言
倏忽有云朵飘浮满天满眼
如花　若梦
让小小的我相信

你就是星辰　火焰

是我此生绝不能辜负的　似水流年

2021.2.1

那曾幽暗的小小心田，以为不会再有阳光靠近，以为日月只是无聊的重复递进。直至同你相遇，忽然明白，世界依然温暖，生命仍旧值得期待。那曾在夜里挂满泪水的脸，又能够重新绽放笑容，望着缤纷的彩虹，大声同昨日的自己说再见。

你是黑夜藏起的星光

直至　用很暖很暖的心

将生活的坚冰融化

方才发觉

岁月粗鄙

内里却非空无一物——

它只是像泥土藏起了种子

像黑夜藏起了星光

而在适当的时刻

美丽却会如期绽放

一簇簇　如同春日清晨

带着露珠的花儿一样

2021.1.26

生活像盲盒，不知里边藏着什么。需要耐着性子，慢慢地寻找、浇灌，慢慢地品尝、守望。总之，同幸福相遇需要跋涉很长很长，而后在一个特别的时刻，明媚的朝霞会在天边如花儿绽放。

星尘之绊

也没有多么特别
只是偷偷藏了一条星河
不时抚摸挑拣
夜幕来时　再将它们
逐一排布陈列

动动手指　取上名字
瞧　这是牡羊金牛
那是双子摩羯
拼出狮子处女
添上天秤巨蟹
还有水瓶双鱼　以及
最爱的射手天蝎

看　多么神奇

万亿光年的遥远

如此便有了关联

无须对我多加感谢

只是借用你们的光芒

来装点黑夜与世界

那漫天星星点点

流淌的　都是此生交汇的

爱　与岁月

2019.5.26

我们如尘埃般在世上出现，短暂地交汇、远离，然后死去。可是我的情感、记忆，永远如夜空的星辰般，只要抬头，它们就在。而很多很多时候，它们真的美丽又忧伤得让我泪流不止。

初相遇

慢慢　慢慢　将镜头拉近
于涨退的人潮里
捕捉一道身影

游移　搜寻　一张面孔
逐渐来到画面中心

一倍倍放大　聚焦　定格
每一丝细纹　每一缕表情
整个时空　都因你摁下暂停

不小心　你也发现这双眼睛
颔首　微笑　这一刻
我的世界　住进一条灿灿银河

整个宇宙　于是都缀满

不灭不落　爱的繁星……

2021.2.14

你说不必担心，相逢是必然，请和时间慢慢谈恋爱。我说好，我已相信，一朵花会在对的时间绽开，而两颗心也会在对的时间慢慢靠近。

万有引力

据说　是自然而然的规律
是普遍适用的真理
两个物体彼此吸引
彼此承受同样大小的力
那么　茫茫人海中
独对你目不转睛
独为你心跳不止
是否也能推导出
你也承受同样的思绪与激情

据说　力之强弱反比于距离
靠你愈近　愈发呼吸加剧
既然如此　是否也能
令你对我注意　为我着迷
也能令你如小兽跃出森林

轻轻投来娇羞的眼神

也能令你掩盖诚实的天性

漫不经心穿过人群

却伸长天线　长波短波地

搜寻一个会心而笑的　肯定

2019.5.27

何必添上复杂的前提、厚重的意义？彼此吸引、彼此靠近，本就是自然的天性。不如平静地欣赏、勇敢地接受，因为这本就是件单纯又美好的事。

说点简单的事

不如像个孩子
写首小诗送给你
不说什么复杂的事
什么厚重的价值与意义

只想简单告诉你
夏天正巧来临
天很蓝　叶很绿
风很舒爽　还有细细的雨
清晨有不知名的鸟儿
叽叽喳喳叫个不停

夜晚有满天的星
大大的明月
不小心拉长我的身影

好想简单告诉你
我有很多很多思绪
像一团团柳絮
追逐飞舞着
铺满一整本日记
我的歌喉与眼睛
都痒痒地
想要一一说给你听

但我其实
只有一个简单的目的
只想告诉你
夏天正在来临
夏天也正在过去

而我碰巧　正在想你

碰巧　正在想你……

2019.5.14

从小到大，我们学习了很多种语言，每天也都在练习，斟字酌句、开口前三思。复杂的话说多了，连自己也糊涂了，渐渐忘记语言的初衷，忘记最单纯的表达。小孩却能大胆直白地说出内心感受，“我喜欢你”“我好想你”……我们缺少的不是说话的技能，而是忠于内心的勇气。

欢迎你来到我的星球

我张望着蔚蓝色的海
你划着白色的小舟
悠悠　来到我的星球

一如往常的星月
一如往常的晚风
你轻轻上岸　不惊扰
却又仔仔细细　打量着一切

我偷偷尾随
敏感且又警觉
你微笑致意
显然　早已将我发现

就这样　一步步跟随你走

一步步走入月光之中

而你突然的停步

突然的回眸　让我相信——

我们虽然陌生　可我愿意

慢慢向你敞开世界

日出　晚霞　极光　飞雪

你若足够耐心

定能将这一整个星球的美丽

逐一　慢慢领略

2021.1.23

林帝浣说，“认真生活，才能找到岁月藏起来的糖果”。而我的认真与努力，是否就是把自己提前准备好，然后在你出现的时候，同你不期然地相遇？

遇见生活的真相

是怎样游荡的夜晚
黑暗中邂逅你眼中的光
似冬日的灯火温暖
又似不期而至的翘首以盼
引领我打开生命的窗
鼓励我追逐梦想
当我痛哭着跌跌撞撞
你也教会我顺其自然

在你这里一切都很简单
仿佛变回爱笑的小孩
一切都很真实
平凡却充满点滴精彩
欣赏你的素面朝天
不需要半点多余伪善

你是生活的真相

是万千变幻中不变的恒常

如果这不算爱　那怎样

才算？

2019.12.16

渐渐长大，才渐渐明白，生命不是痛苦，而是礼物。虽然怀疑那么容易，但依然要选择相信。打开世界的窗，找寻生命的光。平平凡凡、简简单单，平凡而不平淡，简单却又精彩。

我在你的眼中看见星辰

亲爱的　我们手拉着手
不要说天荒地老
天不会荒　地不会老
无数次的日月交替
吞噬的只有我们的生与死

我们手拉着手
你看着我　我看着你
人群如浪
绯色的夕阳　缓缓湮没在前方

听着你的脚步　数着我的呼吸
飘忽的时间很慢很长
生命的玄妙　隐藏于咫尺的距离
宇宙的真理　舒展于静默的甜蜜

何必探求虚实　何须追问究竟

一如抬头望见皎洁的明月

亲爱的　你温柔的眼神

让我在寒冷的冬夜　倏忽

与漫天璀璨的繁星　悄然相遇

2020.12.5

何必说“永远”，对于终有一死的我们，“永远”并没有意义。能够把握的其实就这当下一瞬，所以，如果此时此刻你喜欢我、而我也钟意你，那么就应该深深地感激并且好好珍惜，不是吗？

会不会有那样一个人

寂寞的尘世里
孤独的旅途中
会不会
有那样一个人
他为我而来
我为他而等待
我们彼此欣赏
成为对方眼中的光

我们都不完美
碰撞在一起
却是快乐的一对
大手拉着小手
分享苦痛哀愁
世间繁花千万

也只把一人
暖暖放在心尖

不论风霜雨雪
彼此都携手向前
风轻云淡
将尘世的烟火
相依偎着逐一领略
不紧不慢
将生命的旅途
一步步
从青春走到终结

2020.12.28

像灯塔守望一条船来，像孩童守望一朵花开。在这寂寞的旅途中，磕磕绊绊、跌跌撞撞，但依然不放弃希望，相信那个对的人终会出现，会跨越山海微笑着来到我的面前。“死生契阔，与子成说。执子之手，与子偕老”……

君如春风款款来

你轻轻招手　说　我来了
此时　江水尚未解封
大地仍有些微寒
可小树冒出新芽
花儿结出芳苞
长长的等待已经破土
于是我低下头
用满满的笑意
作为　对春天的回应

2021.2.15

你如一阵春风缓缓吹向大地，一点点解开冰封的河，牵引出温柔勇敢的心。那久经寒冬的万类，虽仍有待时日才能生机蓬勃，但一整个春天正在前来的途中——看啊，原来等待，也可以这样美丽。

雪吻甜心

我的爱
纯白似冬日的雪
炽烈似夏日的花
但其实
它比火更炽烈
比雪更纯洁

小小地做成糖
一颗一颗
起个美丽的名字
送给你
满满的都送给你

我的天使
无与伦比的甜心

愿你能感受我的真挚

愿你能够再次相信

转过许多个弯

淋过许多场雨

爱　终于在对的时空

同你邂逅相遇……

2021.1.31

把爱做成糖果送给你，纯白的糖衣裹着甜蜜的心。唯愿你能再次相信：翻越许多山头，对的人终会在对的时空同你温暖相逢。

昨夜与一场烟花邂逅

不要问
一颗悲伤的心经不起询问
让它慢慢忘记
如同池水慢慢地退去涟漪
倘若我微笑　便把它当作
我正由内而外欢喜

慢慢地我会松开眉头
如同松开曾紧握的双手
我会轻轻抚平痕迹
如同抚平一个衣上的褶皱

明日的明日
或许依然要很久很久
一切会慢慢飘远

如同烟花和云朵不曾邂逅

一切都会慢慢地飘走

如同星光与温柔

从来不曾在寂静的夜空停留

2020.12.22

缘分倏忽而至、匆匆又走，电光石火，把握与珍惜都来不及。明明幻梦一场，却依然难以清醒。于今于昔，都想温柔地对你说一句：你好，很高兴与你相遇。

请把誓言刻在北斗

亲爱的　誓言
请不要轻易说出口
它太娇弱　太轻柔
说在风里　被风吹散
说在雨里　被雨淋透
说在沙滩　被浪卷走
说在河流　被海弄丢

请你把它　一笔一画
写在星辰　刻在北斗
于是　每当夜晚
我在荒野轻轻抬头
都能看见　都会相信

你的许诺　穿越时光

永远镌刻在了　我的天空

2021.4.16

你的爱太脆弱，经不起人间的风雨、无常的四季。把它刻在北斗星上吧，这样即便我不再看见你，即便我在黑夜里迷失，我也能够恍然忆起、重新相信，在人生的某个时候，你曾爱我，很真很深，你许过的誓言，很长很久。

曾有一场雪为我而落

多么美丽
仿如一个来自天国的精灵
缓缓地飞舞　慢慢地降落
我伸出双手承接
多么欢喜
许愿我将爱你
用灵魂　用生命
直至死亡　将你我分隔两地

情不自禁合掌　握紧
再看一眼　它却消失不见
惊讶　震颤
徒留我在原地悲叹

当最后一丝寒意

也从掌心退散

方才领悟　世间的美丽

柔弱　短促

虚幻而不可碰触

须得隔着距离

才能稍许领略

那纤尘不染的　一场飞雪

2020.12.24

感谢那场曾为我而落的雪，感谢那个曾为我而来的人——虽然要在一次次的相逢又失去后才明白，我们从来不能真正得到，也从来不曾片刻拥有。

樱花树

人们说　花朵是爱的表达
但如果　盛放后是寂寞
繁华后是萎落
是否我也可以选择
只长叶　不开花
把能量封在枝干
植入泥土
越长越高　越长越粗
岁月很长　世界很大
而我只想在一方小小的天地
陪你度过　每一季春秋　与冬夏

2021.3.29

那棵树，“求了五百年”，“终于长在你必经的路旁”，“慎重地开满了花”……可是，如果能够选择，我宁愿一切简单平淡、缓缓而来，因为当年少心事片片凋零之后，我才懂得，陪伴才是最深刻的爱、才是最长情的告白。

制作一朵永生花

不忍看着它枯萎
便在最美的时刻
狠心剪下　净手焚香
拔去伤人的尖刺
修去多余的分叉
脱水　烘干
制作成一朵
永不凋零的鲜花

一片花瓣都不曾落下
透过它　仿佛看见
幽幽小径上
曾经的花满枝丫
那如梦似幻的时光
恰是昨日模样

暖阳下盛开的笑

凉风中翻飞的情话

而今都凝成一朵

不能碰触的干花

保留着虚假的美丽

封存进心底丝绒的小匣……

2020.1.13

信者得爱？得不到，难道是因为相信得不够深？所有的谎言、欺骗，难道都该置之不理、不假怀疑？与其任一切自行枯萎、走向衰败，不如亲手将美好剪下，至少在记忆中，还能留存一点芬芳沁人心脾。

门

在依然漉湿的梦中
门外芜杂的脚步深深浅浅
我竖耳倾听　却始终
没有一个声音叩响门扉

我竖耳倾听　依然
止不住一次次飞奔门前
打开　阖上
终是没有一个身影伫立
在启开的瞬间　微微笑着
轻声呼唤　我的名字

2021.8.6

世界已过去一个个春秋，我们如何捕捉时间的风？从前、现在，没有什么会停留。走吧，向前走，阖上门，莫要再回头。

毛衣

从记忆中抽取丝丝缕缕
搓成线团　用心织一件毛衣
虽然笨拙　但努力编织得
美丽　致密

挑选欢乐的片段　拼贴成
装饰图案　锐利的针尖
也很多次　将手指
扎刺得鲜血淋漓

冬日漫长　更阑人静时
便把它偷偷穿在身上
柔软的质感　好像
紧紧拥抱着你　好像
贴着昨日的呼吸

温暖得　直教我哭泣

不必担心　等明日来临
我就会脱下　换一件单衣
等春风吹绿大地　我就会
试着不再沉迷　不再慨叹
昨夜你与我的　点点滴滴……

2020.1.22

不能阻止候鸟迁徙，不能阻止江海枯竭，不能阻止四时更替，不能阻止斗转星移……世上多的是无能为力的事，你要离开，我又凭何拒绝？

化蝶

（原来是你
长久地踮起脚尖　将我轻轻托起
原来是你
用如注的泪水　为我默默凝成了翩翩双翼）

一次一次　我在黑暗里振翅
向你飞去　向你靠近
绵延的山海不再绵延
无尽的日夜不再无尽
可是一切如此荒唐
一切荒唐如此
在你的目光中我终于化蝶
美丽　透明　初生如雪
而你却悄然转身

似一道茧衣　碎裂　破灭

遥遥微笑着　无声地向我　挥手　作别

2021.6.10

斜飞入窗的雨将我淋湿，嘈杂的噪声将我从梦里唤醒。原来啊原来，是你给我那对美丽的双翼，自你转身后，我便跌落成了一个人世间的折翼天使。

蒙太奇

其实只是一个镜头

其实只有一个桥段

却像用蒙太奇过分渲染

一次次灯光点亮又调暗

一次次画面定格又跳转

而你那张早已寂然的脸

却始终轮换回旋着

不肯消失在　街道遥远的另一端

2021.7.4

我把芜杂的镜头拼接而起，我把无序的画面胡乱剪辑。一遍又一遍浏览，当你的画像跃然视线，突然我便明白了这所有事物间的内在联系……

珍珠

你留下的沙粒　既然无法剔除
那就用生命最柔软的部分
将其层层包裹
经过无数日夜的血泪炼化
想必它就能蜕去棱角
生出珠玉般的温润光华
于岁月彻照之下
昔日的你我
纵使远去千里
亦可聊作一个
静默美丽的　浅浅回答

2021.3.20

太阳给予的温暖，让我生出勇气，将心中的砂砾一点点化成珍珠。从此它便如同圆月，不论是否抬头，都会安静地挂在天空，和太阳一道，美丽地照耀我的小小世界。

青春剧场

仿佛一只蝴蝶　不曾在花丛飞舞

一片流云　不曾在天空漫步

我轻轻把你　从剧本中删除

仿佛青春　只是一段

独自走来的长路

2020.8.13

在字典里把你删除，一并删去相关词组。已知的故事换一种剧情，发生的历史换一个人名。空白或替代，与青春有关的地点你都不再出现。覆上黄土，让一切在地球深部悄悄作古。

当我思念远方的时候

我把思念掷入天空

一片片燃烧

燃成青烟　变成

一朵朵灰的黑的云

它们随风飘远

想必　不久后

你会收到我的讯息——

那写满又一字字删去

想你　流着泪

却无处可以停泊的　心情

2020.10.6

我抬头望天，不敢说想你，只说在看云。我伫立窗边，不敢说想你，只说在看雨。我走入人群，不敢说想你，只说夜色太黑。我裹紧衣裙，不敢说想你，只说寒风起了，而我忘记加一件外衣……

天空的记忆

其实　已是个久远的故事
叙述时　必得以
“很久很久以前”开始
然而　如同一本陈年旧书
泛黄脱页　依然
忍不住一次次去翻阅
你就是这样的主题
是撞击地球的陨石
是花雨洒落的星群
无论过去千年还是万亿
依然会情不自禁想起
依然会梦呓般地提及——

毕竟　你是如此辉煌的记忆

尘世的一切　又有什么　能够同你匹敌

2021.5.25

世上的一切来来去去，却总有些什么不能忘记——无关乎大小，有时候铭记，仅仅是因为它们太过美丽。

一秒钟

一秒钟很短
一秒钟很长

长到　足以让我爱上你
短到　一个转身
就能将往昔　永远遗留在过去

2020.9.23

佛说“一弹指六十刹那，一刹那九百生灭”。刹那间有无数起心动念，也许突然生出嗔恨，也许猛然通透顿悟。如果敢于不断打破预设的边界，那么，经过无数平常、平淡的“这一秒”，谁知道“下一秒”会发生什么呢？

寂静回声

一切应已过去
帘幕落下　观众离席
我也极少再提及
只是偶尔　在梦境　在人群
仍会悍然不顾　搜寻一道相似的背影
仿如横扫的浪　轰然将我掀翻倒地
这才又证明　昨日远未过境
仍在苦苦筹算　另一种
可能的结局

2019.1.11

我并非骤然老去，而是如同沙漏，一颗一颗、一粒一粒。记忆中的身影却始终年轻，碧海蓝天、欢声细语……牢牢铭刻的，往往都是那些微不足道的“小事”，恍如一个我行我素的幽灵，自主地在时光罅隙中穿行，乍然相遇，总是无可抑制地感怀于心。

当你还在的时候

为你做一件特别的事
写一段文字
吟一首小诗
弹一段旋律
画一张图画

为你做一回艺术家
种一棵橡树
采一束野花
收集远方的沙土
寄出节日的贺卡

当你还在的时候
当你不在的时候
我望着念着

仿佛依然听见

你对我说出的每一句话……

2019.12.31

趁一切还不迟的时候，为你做件可以被铭记的事，把爱意好好传达。当一切发生的时候，当你永远离开的时候，我便有了怀念的依凭和理由。

我在黑夜里深深想起

黑夜里　突然想起你

好像昏暗中　突然

划亮一根火柴

小小的火光

迷人　却虚弱短暂

于是我　一根

接一根地划亮

是否这样　你就能

感觉到我的呼唤

一步步　重回我的身旁？

2021.8.14

所爱隔山海，山海不可平。真正的再见，总是无声无息。当你像往常一样挥挥手、阖上门，你不会知道，有些人，此生已与你见完了最后一面。

像秋天告别一片落叶

像天空　告别一抹云彩
像流水　告别一条山脉
像疾风　告别一个屋顶
像飞鸟　告别一座森林

我也如此吧　挥挥手
像清晨告别一次黑夜
告别你　像秋天
告别　一片落叶

2020.10.12

“取次花丛懒回顾，半缘修道半缘君”。人生除了生与死，也没什么大事。带着勇气前行，认认真真地走，认认真真地看。至于会走入怎样一片风景，便一切随缘。

跟银河系说再见

当然　还有很多过往　值得流连
还有许多片段　值得怀念
一起守候的极光　一起登顶的雪山
一起驯养的白鲸　一起开凿的冰川

只是　当你的目光不再温暖
世界　便只剩风雪与严寒
所有冒险　都变得平淡
昼夜　只是无尽的重复　与轮换

澄蓝的梦想　跌入深海
耀眼的银河　隐入黑暗

你的天空　既已不再因我精彩

我也只好乘着流星　安静地　转身离远

2020.8.8

佛说一切虚幻不实、转瞬即逝，如梦幻泡影、似晨露闪电。世间哪有什么永恒，所谓的“永远”，只存在于说出口那一刹那的心念。爱会消失、恨会消逝，同样如蜉蝣般的你我，又何必流连不去？

林荫道

这长长的路啊
总有一些相似的风
相似的雨
相似的阳光
相似的午后
惹得我禁不住停步
禁不住回眸
禁不住一再地伸出手
似乎就可以触碰
一个相似的你
相似的我
在这条相似的路上
轻轻地相拥

骄傲地诉说着

我们年轻的梦……

2022.5.15

朋友，时光洗去了那些悲伤的情节，徒留下动人美丽的颜色。它总在不经意的刹那无声涌现在天边，一抬眼，如同撞见夜空中一轮静谧温柔的圆月。

我该把你藏在哪里

记忆　该藏在哪里
藏在哪里都不放心
怕被人看见　怕教人偷听
思来想去　还是藏入梦境
痛快地哭　放声地笑
谁也不会知晓　我的心情

月色里清醒
晨光中捕捉一丝余韵
小心地折叠　轻轻地抚平
谁也不知道　在遥远的梦中
我们曾经靠近

不知道　在寂静的夜空

我们曾美丽得　像两颗流星

2020.12.24

那时我们都还美好，没有沾染复杂的颜色。我们发光，仅仅因为自身的美丽。对于过于坚硬的我们，时光不能逆行，一切不能回头。所以，我并没有什么其他目的，只是想在一个纯净的梦里，偶尔安静地想念，偶尔淡淡地回首。

你说送一颗星星给我

你指着漫天繁星说
喏　送一颗给我
这样　它就像你的爱
不论时空变改
永远都不会离开

我望望它　望望你
微笑着颔首
彼时的我们不会知道
星光会在　却遥远
不可触摸

一如此时
我望着它微弱的光
却只能在黑夜里伸出手

一遍遍猜想　此刻的你
会在哪里　停泊

2021.8.15

年少时，喜欢浪漫，喜欢听你说那些不切实际的“绝对”“永远”。年岁渐长，慢慢懂得，生活原本平凡，而长久的守护、陪伴，才是真正的爱与温暖。

结绳记事

在我的心头
用繁琐方式
系上一个个绳结
如同在纸面
用曲折文字
写下一行行诗句

年岁久远
时光飞逝
当坚韧的长绳
都已开始腐烂
那些独守的技艺
早已悄然失传
那些深藏的秘密
已无从知晓含义

而那些大大小小

整齐排列的凸起

却总在不经意

瞥向它的刹那提醒——

于遥远过去

有些人

我曾拼尽全力握紧

有些事

我曾奋不顾身地

生出一种海枯石烂

天荒地老的　心情……

2022.1.25

“结绳为记。事大，大结其绳，事小，小结其绳。”而我心中一个个大大小小的绳结都是关于你，那么，它究竟隐藏了多少你我曾经交汇的线索？

岁月里的一张旧相片

某个白天

我将那张相片撕碎

某个黑夜　我又将它

一片片小心地粘贴

可是你看　那些

丑陋的疤痕一道一道

如同生命的疮口

一遍遍溃烂流血

于是我燃起火焰

看它在火光中焚成灰烬

轻轻一吹　飞舞回旋着

在狂风里消失不见

于是如此　有关你的一切

便会如潮水匆匆退却

而我的青春　也会如一条鱼

挣扎后　无声地于海滩搁浅

2021.11.17

当我被汹涌的岁月推搡着往前，当我在拥挤的人潮不知所措，当我在惊醒的午夜感觉自己苍老……智者说舍尽即脱苦，过去的记忆再美也只是过去，放下块垒，才能够继续上路。

终于　我可以放你离去

终于　我可以放你离去
虽然你曾是我的屋顶
流着泪为我遮风挡雨
那一日　它却突然坍塌成废墟

那么久　我在残垣断壁里寻找转机
一遍遍搜寻昨日遗留的痕迹
然而此刻　如同一件阳光下晾晒好的旧物
终于可以整洁地叠起　妥善地存放进抽屉

亲爱的　原谅我最后一次这样叫你
我该大声说抱歉
我们曾那么远地同行
彼时竟未能好好说出一句再见

我曾那样深切地爱着你

而我知道　你又何尝不是如此

偶尔我的眼中仍会有泪水充盈

但那也只是因为永不能复返的曾经

此刻　我冲你遥遥地挥手

你不必再为我沉默地回头

愿我们好好拥抱各自的天使

在各自的世界里都能够光辉闪耀

我们要比过去更努力　也更懂得珍惜

让彼此的爱　成为岁月里一道美丽的背影

愿你我都比过去更努力　也更懂得珍惜

让彼此的笑脸　成为生命中一道永远灿烂的风景

2021.2.3

曾经那个最亲最爱之人，倘若某一日你能够读到这些文字，希望你以一颗温柔的心，平静地看待你我之间发生的一切。

写一首诗给你

亲爱的朋友
想要写一首诗给你
想要把生活的点滴
一一说给你听
我背着背篓
在早春的山中搜寻
在夏夜的海边伫立
在秋日的星空下张望
在冬日的飞雪里忘掉自己
我出走千里
悉心采摘四面的风景
像沉淀了泥沙的河流
像滤去了渣滓的醇酒
在岁月中
翻涌的大海终于归为平静

蒸腾的水汽凝结为彩云
而我也终于勇敢地落笔
将温柔的字句写在信笺
在星光璀璨的夜里
放飞这位精灵
乘着晚来的凉风
它展开双翼
轻轻降落在你的脚边
而它依然是羞怯的
只是低下头微微鞠躬
然后唤你一声 “我亲爱的朋友”

2022.7.21

在岁月中我变得衣衫褴褛，却一点点收获平静的心灵。我把生活的点滴细细咀嚼，慢慢敲打为字句。亲爱的朋友，我只是想让你知道，虽不能走到你面前，但我希望这些诗句能够用自身的美丽穿越时空，代替我去触碰你的衣角，去述说那些无法传达的心情。

卷二

尘埃会在时光里落定

把一切交给时间
它会为每颗尘埃找到位置
那些大风吹不走
雨水冲不净的
就让它们沉入沟壑
成为一条条线索
来印证你的　青春之旅

窗边

我伫立窗边

看着远方的树

望着天空的云

树不寂寞　云不寂寞

可当风吹过窗

拂动我的细发

吹起我的衣襟

我便蓦然觉得

心寂寞　眼睛寂寞

整个世界　都很寂寞

2020.9.27

风吹过心湖，湖水不能平静，是怪心不够淡定，还是怪风吹来扰动？抑或是怪那不小心打开的窗？

顽石

我也并非　生而冷峻

那些一粒粒　积落的沙

在时光的重压下　悄然变化

凝成我的骨　化为我的血

于是有了　面容的沧桑坚硬

以及沟壑纵横下　那颗

纤细晶莹　依然未肯变改的心

2020.9.3

风霜都已呈在面上，你若不爱它，便是不爱我的过往。那一条条沟壑，是我曾走过的河流、我曾翻越的山岗。生活的粗粝令我受了伤，但也是在顽强战胜后，它为我颁发了荣誉勋章。

古井

你本是一片海
化作一个湖
缩成一口井
我以为你变了
可在寂静的黑夜
你的眼内
依然倒映皎洁的星月
这才明白　岁月挤出的
原来只是多余的水分
你的心依然连接天地
世界依然住着神灵
你隐藏起胸怀
把故事酿成酒
把颜色化成黑
可你还是你

质地一如往昔

我俯下身　轻轻一捧

好一味时光的甘洌与清莹……

2021.10.16

你变了，不，你没变。你弯曲了脊背，苍老了容颜，模糊了视力，消瘦了身体，可是你的心一如往昔，清澈、纯粹，把天地揽入胸怀，温柔、宁静、智慧如水。

沙漏

如一台天平　倏忽倾斜
于生命的某个时刻过后
方才猛然惊觉——
一个人一生的美好　是有定量
它扑簌簌地下落
却在少之又少时　加倍凸显

太晚了解的我们
如以双手掬水　于井中捞月
所有的辛苦挽留
也只是一次次印证

时光的机器　从不为任何人止步

停歇

2020.12.21

曾以为时间过得好慢，幸福与快乐理所当然。总是不断地挑剔、不断地丢弃，以为幸福会越来越多，明天比今天更好。某个时刻过后，陡然惊觉，生命里的美好竟已如此之少，能够把握的如风而逝。蓦然回首，物是人非、时过境迁，在生活面前，我们原来如此弱小。

夜莺

欢乐　悲愁　通通埋入黑夜
如果沉重是生命的底色
那我就用清越的歌声
歌唱使之如是的
爱与痛的一切

2020.9.18

生活像月亮，残缺才是它的常态。所以，莫再苛求完美，欢唱光明的一半，亦消纳黑暗的另一半。夜色愈黑愈衬托星辰的明亮，而莲花不正生于、长于淤泥之中么？

坛城沙画

收集漫天的繁星

聚沙成塔

再轰然推倒　悉数抛撒——

我只是在学习

学习放弃　学习放下

学习生命里来过的一切

终将慢慢离去

慢慢地　重回一粒尘沙

2020.9.17

如果把生命看作一场学习的过程，一切会不会变得容易接受？漫长的付出，稀少的喜悦，不可抗拒的无常与失去……把这些都变成透彻的领悟后，那些得失、欢愁，以及令人在夜里溃烂的惨痛，会不会都变得轻如鸿毛，无意再执着？

烙印

倘若　一切转瞬即逝
生命　如飞鸟掠过流云
那么　某些时刻
我用一颗心灵
所能呈奉的极致
于奔腾的流水中
努力投下一片倩影
是否　它就能穿越时空
于岁月封藏的　琐屑记忆里
烙印下一抹　永不会褪色的　风景？

2021.2.18

时光锋利无比，于它的刀刃之下，一切似乎转瞬即逝。然而世间仍有一种东西比它更坚固、持久，能以柔克刚，穿越它的局限、鄙陋，达至无限、达至永恒。此物为何？我的答案是——爱。

我该如何长成一棵大树

一切坚硬如岩

而我知道

必得挣脱许多束缚

弥合许多伤痕

然后向着所有维度伸展

把自己撑开为一柄大伞

阔叶如盖

任其风风雨雨　飞鸟与流云

我都静穆如初

一圈圈褪去粗皮老茧

把寒冬化成一树　温柔的　春天

2020.12.21

一切来来往往，唯有把自己深植于地面，自为洲渚、自为归处，方能在生命的爱与痛中消纳喜怒悲愁，而后汲取营养、增长智慧，向着更广的维度慢慢生长。

种子

珍贵的种子
请问该种在哪里？
不如把它们
种在你我的心田
推倒丑陋的建筑
拆去粗鄙的围墙
开垦荒地　松动土壤
小心地将种子埋下
浇水　施肥　拔去野草
呵护它们一日日长大

也许是一个季节
也许是很长的岁月
慢慢　慢慢
它们会绽放成花海

生长为大树

风把芬芳传向远方

雨将绿意带向远处

于是一颗颗小小的种子

便如同魔法　一点一点

把遗失的美好　重新带回世间

2022.4.21

推倒心墙，放下日益增长的恐惧、猜疑，让我们的心重新连在一起。一个人的力量很微小，但倘若你我一起审思明辨、择善固执，那么这个开始撕裂的世界，想必一定能够重新凝聚。

火种

参天巨木　源于一颗种子跌进泥土
万里江海　源于一汩小泉冒出山峦
那么　寒风骤起时
我也只需保存一丁点不熄灭的爱
然后安安静静地　等待四时
依序展开

2020.2.5

心中的信念，将引领我们去向远方。一个人如此，一群人亦如此。在家园遭逢困难之际，我们要做的，就是不失去对她的爱，以及对她的坚定信念。

白日回响

太阳乘着风车
一点点驶来
一点点驶去
它携着千万道光
每一株草木
每一幢楼宇
都吮吸着它的滋养
都欢唱着它的神迹

它乘着风车
一点点驶来
一点点驶去
而当它挥舞着鞭绳
一点点远离
一点点变成远空

模糊的一道身影

这场辉煌的相逢

便凝成一颗颗星辰

化作晚间

一段段　斑斓的回忆

2022.4.20

太阳是世间万物生命的源泉，我们接受它的滋养，充足能量，然后才有力气来面对夜夜逼迫而来的黑暗与荒寒。

夕阳

好像一张
藏在岁月后的脸
好像一部
宏大叙事的余篇
当万千种颜色齐齐点燃
混沌的云分出层次
平淡的天空变得神圣
倘若这就是万千波澜后
智者眼中的光
那么我也期待生命里

这样光辉的

一瞬

2022.7.8

生活像漂浮的云，有状无形，不可琢磨。可如果在某一刹那觅见隐藏在背后的那束光，所有的辛劳便都有了非凡的意义——平凡的生活原来也可以变得神圣，也可以成为美的一部分。

生活的艺术家

我是个低调的艺术家
平凡却不失伟大
随你给我什么材料
都能让它变得光彩焕发

零碎的音符敲打成优雅
乌糟的涂鸦装饰成绘画
给我一片绿叶　送出一壶清茶
给我一粒种子　开出一树繁花
不怕什么难题　总有无穷多办法

谁教我天生是个艺术家

热爱生活　平凡却独一无二

2018.11.27

人在生命的某些阶段总会面临一些选择、一些波折，倘若因珍爱羽毛而不去凌空飞翔，那便会失去整片天空。生活不会如想象中称心如意，只能负重前行。外界的声音不重要，哪怕世间所有人都对你否定，你也必须相信自己——活出自我，才是造物主最大的期许。

尘埃会在时光里落定

把一切交给时间吧
它会为每颗尘埃找到位置
一些灰尘轻轻掸去
一些慢慢累积后埋在心底
一些遗留在肌肤
一些降落在梦里

那些大风吹不走
雨水冲不净的
也就不要再费力
让它们沉入沟壑
驻守在一座座山丘里

成为一条条线索

来印证你的　青春之旅

2020.10.10

人的一生会与多少人相遇呢？有些打个照面，有些轻轻擦肩，有些在背后远望，有些深藏于心间。而我们自己的生命，不就是在与所有相逢之人共处的岁月中展开吗？

发现爱的过程

生活如同谜语
似乎必须经历一个过程
如黑夜一层层洗去白日的喧嚣
沾染的尘埃才会落下　沉淀
如河流一缕缕带走时光的细沙　淤泥
河床的卵石才会蜕变　显现
而我的心　也必得如舟船
在遥远的异乡领略过千万重风雨
如大海　在诡谲的险滩
掀起又平复千万重恶浪
一点一点　才会归于温顺　沉静
安澜的夜里　才会轻轻倒映出星月

猛然抬头　才会发现生活的谜底如同钻石

一颗一颗　无声闪耀在幽邃的天际

2022.7.9

想必我有一颗非常迟钝的心，所以成长的阶梯一级也不能跳过，必须从春到夏、从秋到冬，把生命的风霜雨雪挨个领受一遍，才能够真正长大、成熟，才能明白，爱一直都在，而我那双总在眺望远处的眼睛却总是视而不见。

银杏

想要写一首深刻的诗
不是用语言　用文字
而是用时光　用生命
在春天萌芽
在夏季生长
秋日里成熟
冬季里择一阵风
你若看到我悠悠飘下
在泥土上铺一地金黄
亲爱的朋友
不要悲伤　那不是泪水

而是我一笔一画

用青春　在天地写就的辉煌

2021.11.22

南方的冬天来得晚，一夜疾风骤雨，方见满城银杏铺路。看着形态优美的银杏叶，有种无言的感动——说不清道不明，却笃定大自然在用它的方式昭示着某种生命真谛。

大女孩

走下去
虽然　需要耗费一点气力
需要勇敢地　不断拭净泪滴
前方　依然有很多风景
依然有很多　未曾领略的美丽
那极蓝　极透的海水
那极寒　极静的北极
尚未数过　雪顶的星星
我又怎敢　这样轻言放弃

柔软的心上
虽然　受过一点点伤
夜里也会　忍不住放纵疯狂
可我依然　想望一眼窗外
期待晴朗的天空　飘浮白云

和煦的微风　吹拂森林
虽然　我已是个大女孩
可我依然　在努力生长
依然会从窗台　眺望远方
期待浪漫的爱与梦想
轻轻地　将心房点亮……

2020.6.20

仰望着天空，虽然只看见厚重的云层，还有将我浇湿的大雨。可我依然抬起头，等待着大雨停止、乌云散去，见证星光璀璨的一刻。

一个人的旅行

走吧　拿起背包
再次出发
没什么可害怕
同行之人已走远
可我依然
保持勇敢和乐观

听从内心的声音
跟随头顶的繁星
不想沾染烟火
悲喜　就不轻易
向谁诉说
不想旅途寂寞
那就学着
慢慢独自习惯

一个人从世界经过

一个人平静地生活

看看路上的风景

数数天边的流云

总有个地方

我会一点点靠近

如果在中途走散

没关系

那就在终点处

相聚　团圆

2020.8.6

我们从哪里来，要到哪里去？生命，是一条必须自己走的路，有人萍水相逢，有人同行一段。人间的风云我学着看开，尘世的孤独我学着习惯。途中的风景、领略的滋味远胜于结局，毕竟每个人，最终都要走向同一目的。

我是一片小小的云

我是一片云　小小的
随着风儿　四处旅行

不会停下步履
不想烙下脚印
不靠近谁的秘密
不让谁深深牢记

不拥有太多色彩
不沾染过多情绪
倘若惊扰了燕雀
倘若搅乱了树影

不必在意
我是一片云

那颗小小　寂寞的心

永远随着风儿　四处旅行

2020.5.20

有些时候，我觉得自己像一朵云，轻飘飘地来来去去，不被谁牢记，留不下脚印。我的心居无定所，途经很多扇门，也向着很多扇窗内张望。可终是没有一个屋顶让我停留，背上行囊，悠悠荡荡地继续前行、继续找寻。

青苔

用一把比例尺
来丈量历史
让时空　隆隆加速
让生命　缩减跨度
雄伟的山峰　化作尘埃
滔天的巨浪　沉入大海
而那惊扰岁月的　离愁悲欢
也为它　寻一丛人迹罕至处
用纤细如丝的心情
化成一抹碧绿　悄悄覆满
林中一块　小小寂静的　山石

2020.3.5

是否该息止，那徘徊的、反复击打着礁岩的风？是否该退远，像惨淡的云烟慢慢模糊在天空？毕竟，于岁月的滚滚潮流，我这微渺的心情，实在无足轻重。

航海日记

这漫长的旅途　或许
大浪曾将我吞噬
狂风曾教我迷失
可若只满足于
在沙滩望望风景
在脚边拾几颗卵石
我又怎能了解
远方的波澜壮阔
长夜的郁暗无期
怎能在一次次
坠跌与爬起
悲伤与狂喜后
删去所有豪言壮语

谦卑写下　关于生活

关于感谢的　字字句句

2019.5.1

如果说，生活像一趟航行，那我无数次想要中途折返，却苦于折返也找不到方向、停靠不了岸。不入世怎能出世？不经历风雨、看遍风景，不在抵达一个个陌生的港口、交织着悲伤与喜悦之后，又怎能觅寻到生命的价值与真谛？

火山

它也曾凶猛地喷发
一次次冷却尘封后
终于学会了不再表达
或许它已死去　或许
仍在等一个合适的时机
你若在黑夜里竖耳倾听
或会捕捉一缕狂笑
抑或几缕细如游丝的轻吟
不必惊疑　那是它在哭泣
是它那颗尚未燃尽
胸膛里　依然闪闪发光的心灵

2021.3.31

一点点荒芜，热情熄灭、盼望退却。不再等待谁倾听，不再期候谁了解。倘若还有一簇微弱的火光，那也只是昨日的余烬，寂寞地在黑暗里摇曳。

坠落天使

（会否有人相信
我曾是天使坠入凡尘
长久的流离　无尽的追寻
在这沧桑外表下
仍是一颗　温暖坚定的心）

不要这样大声
强迫我屈服
放弃骄傲与自尊
我的泪水化为珍珠
羽毛根根拔尽
可是
当漆黑的夜晚来临
我仍会爬上高高屋顶
仰望着月光　繁星

想象遥远的岛屿

海浪　清风与白云

偷偷伸展双翼

起舞　低吟

渴望最初的爱与信仰

照入下一个　绯色的

黎明

2020.8.5

我们都曾是天使，化身孩子降临人间。来的时间久了，有些记忆便开始遗忘。需要抵抗的，不是岁月给面上添加的皱纹、斑点，而是周遭强加的看法、谎言，让我们的心也无知无觉地接受了所有恶俗与庸常。人从什么时候开始苍老呢？当不再相信自己特别、独一无二之时。

梵高的星空

是谁将星灯打碎
让美丽的琉璃散落满地
于是每一块晶片
都跳耀反射着神的光芒
莹莹闪闪　微笑着照进
每一个　小小温柔恬睡的梦乡

2021.8.4

没有什么比平静的心情更弥足珍贵。不论白天多少风起云涌，当经历过一个又一个睡梦，我们终会长大，醒来，又是生命旅途一次全新的开始。

夜色华尔兹

来吧　来同我

跳一支圆舞曲

握住我的手

由快到慢　进退　旋转

随着音乐起伏

轻轻摇摆　呼吸放缓

如同大海平息了阴雨

蝴蝶从谷底飞起

荒野的火种悄然退去

白日的愁云渐次远离

世界如此宁静

难言的字句

此刻　又何须再落笔

2020.1.15

不能阻止的隐痛便不去阻止，不能言说的寂寞便不去言说。把伤痕交给时间，把孤独交给睡眠，缓缓地冲刷，慢慢地结痂。

今夜　让世界安睡

如果　偶尔我也感觉疲惫

偶尔　想要被谁安慰

可否今夜　让一切稍做停歇

风　收起翅膀

云　停止流浪

月　闭上眼睛

星　熄灭光芒

别教我匆匆往前

让我关上心门　停止生长

不接收谁的讯息

一切留待明日继续

今夜　让我安安静静睡去

在遗失的梦里　重新寻找自己……

2019.3.2

那个创造天地万物的大道，昼夜奔忙、日月不休，是否也会感觉疲惫、想要偶尔停歇呢？谁体会过它的辛劳，感激过它的付出？一切存在真的理所当然吗？如果某时某刻它真的打了个盹，生灵们大概便永远长眠了。

黑夜让城市更美丽

夜已深沉　我凝望这城市
她如一个安静的美人
褪去白日的喧嚣　不吵闹　不尖锐
蒙上一层薄纱　微微笑着倚在月下

风轻轻吹动　我朝着远空伸手
触碰她眼神的温柔
此刻的她　尚未为我燃一盏烛火
可她不再是战场　我不再是战士

于是我一层层卸下武装　拧开灯
乘着身后小小的火　化成一只流萤

扑扇翅膀　轻轻飞向远方

飞进她　丛林般辽阔幽邃的胸膛……

2021.10.26

白天，我们在高耸的城市里打拼、奋斗，挥洒汗与泪，让青春与生命刻进它成长的骨血。夜晚，偶尔它也会展露温柔低沉的一面，让我们躁动的心稍感平静、安慰，积蓄力量好咬着牙继续前行。

气球

偷偷地　在心上开一扇窗
放出一只白色气球
夜深人静
当黑暗如潮水上涌
一点点淹没了宇宙
小小的我　依然可以
倔强地踮起脚　探出身
乘着那光影　悠悠地
飘向远空　飘向一个个
星罗棋布　五彩斑斓的　梦

2022.5.12

现实荒谬如同黑夜，可置身其中的你我，依然要守护好心中的月光，仰望着星空、梦想，昂起头，一步一步勇敢地往前走。

写给黑夜的一首诗

你总是这样
缓缓地来临　脚步轻轻
没有什么改变
却让万物
一刹那变得安静

那么多次
我在你的怀里徜徉
在你的肩头哭泣
在你的指引下看见星辰
在你的目光里写下诗句

终于察觉　原来是你
温柔地哄我入睡
将心灵的伤痕抚平

让疲惫的舟船得以休息

让怯懦的我　得以拥有

一次次重新出发的勇气

2021.11.24

黑夜将生命划分成片段，在它的荫庇下，万物休养生息抑或长久酣眠，由生到死、由死转生。这是宇宙的馈赠，倘若只有永远的白天，想必不会有美丽的地球和浩繁的生命存在。

北极星

感谢你　当我如一个盲人在荒野摸索
点着灯　却依然看不清路
是你无言的爱穿越光年　如一团火
轻轻刺破黑夜　牵引着我
不再畏怕跌倒　朝着心中的光明
一步步地　勇敢前行

2021.11.23

大自然究竟是什么？我想，是造物者宽广的爱，是不可思议的智慧，是永恒的给予，是一切存在的来处与归途……

自由的心灵像天空一样

我想　我的心上

一定如这纵横的沟壑

如这迭起的山峦

坑坑洼洼　凹凸不平

任何一阵风吹来

那一个个水洼

都要卷起涟漪

那一排排树木

都要一阵颤动

而那一幢幢

鳞次栉比的建筑

如一座座堡垒
一列列卫兵
在阳光下投下阴影
顽强捍卫着脚下的土地

可是我想
如果我的心灵
像天空一样
没有波折　起伏
并且辽阔　无垠
那么风就可以畅通无阻
不会有鸟群来回迁徙
不会有春夏秋冬
荣枯的四季
而那昼夜躁动的思绪
也都会像云一样
静谧　安宁
可以张开它宽大的翅膀

轻轻飞翔

自由驰骋于壮阔的天际

2022.5.17

我们的心上被撒上各式种子，它们扎入泥土，日渐根深蒂固，连成森林、长成巨木。我们以为心灵于此有了凭依，可是，是否有想过一种可能——恰恰是它们阻碍了心灵的自由，让我们变得偏执、狭隘、故步自封？

涂鸦一幅梦的星空

没有讨厌的规则需遵守
没有难熬的时光要等候
小小的我　在这里多自由

拉动缰绳去驰骋
挥舞翅膀奔向天空
不必掩藏欢乐与悲愁
多余区分天才与平庸

我是闪光的流星
抑或跃动的鲲鹏
时而化作深沉的大海
亦可尝试静默的山峰

不要企图对我掌控

画笔只会随着心情游走

骄傲地往来天地

勇敢地探索星球

小小的我　在这里多自由

美丽大胆地涂鸦

一个个　五彩斑斓的梦……

2020.6.21

我喜欢创作时的自己，自由、多情又美丽。不必在乎谁的眼光，不必考虑各种现实，不必害怕付出真心会受伤，只需大胆地去梦、去想，我就能长出羽翼离开地面，去往任何斑斓又美好的远方……

月亮船

月啊　月啊
为何　你总是只有一半
那么遥远　那么孤单
好像一只　黑夜的船
在尘世里兜兜转转
却始终不能寻到
一处　可以安放忧伤的港湾

2021.4.20

似乎是天生残缺，每一个存在都那么孤独，你是、我是，天上的星星是、月亮是。可我们依然怀揣愿望，不停去寻找，希冀找到丢失的另一半。只是一次次月圆月缺后终于有一点明白——人间的灯火太寂寞，而生命，本就是一次孤独的盛开。

月亮

我多希望像你
拥有一双看破黑夜的眼睛
如同看破岁月里
森严密布的风雨与乌云

2022.4.16

语言是有力量的，可它的力量又是那么有限。当你身处一段“历史”，才陡然体会，多的是你想要表达却无从言说、无从描述、最终化为一声叹息的事。

十五（二首）

1.

想来　是天空怕黑

所以亮起

大大圆圆的月

好像我一样

留一盏

小小昏黄的灯

似乎就能驱赶一点

远方　浓稠无着的思念

2021.4.26

看呀，天空点起明亮的月，掩盖黑夜深深的愁。地上的人儿燃起灯火，是否也想掩盖心头幽幽的痛？

2.

当她大大圆圆的眼睛

无比温柔地望向我的时候

恍然明白

是我脆弱狭小的心

如同一片黑影

遮蔽住生命的光

而我敞开怀抱的那刻

世界　便亮了

2021.11.19

世界既不比我们所认知的更美善，也不更丑恶，它就是“如其所是”。某一刻，当你从内心深处意识到自己“认知”这件事的浅陋，便会对一切生出敬畏，放下自负、骄傲、成见。当你把心的城墙推倒时，便会发现，世界，豁然开阔了。

鹅卵石

湍急的河流昼夜冲刷
我如一颗石子
被夹带裹挟着　去往
一个个陌生遥远的角落

时光如刃
在浩瀚的泥沙里
当无数次磕碰　打磨
终于　我失掉原本尖锐的棱角
拥有了　白玉般的温润与光泽

回望春秋
我　依然是我
在一遍遍岁月涤荡后

终于呈现出　厚重无华的

生之底色

2021.8.9

时光如河流，将其中的一切锋利雕琢。在万亿年的浪打水冲后，我失掉了尖锐，却也拥有了厚重的内在与自我。

远方（二首）

1.

远方　曾以为
是某个空间　某个地点
须坐着隆隆的火车
奔赴千里　才能抵达

后来明白　它
不是地平线上的模糊一片
而是一个人　一个形象
是同你相遇后
你把光明升腾在我的天空
每一片照耀之所
每一个琐屑日常　从此
都能够向远　从此
都成了风景　成了诗——

它　原来可以近在咫尺

它　其实就是我的　心之安处

2021.2.22

人们常说“诗与远方”，何为“远方”呢？我的理解是，理想、未来、光明、希望。那么，我长久的奔波、觅寻，当遇见你之后，不想再寻找、不愿再张望的那刻，我猝然就明白——你，就是我的远方。

2.

远方　曾几何时

是一个充满神秘的异域

它没有具体名字

不能轻易

查询到很多讯息

它没有确切地址

要手持地图

一路问询着

双手比画不同的言语

它蒙着白色面纱

喜欢偷偷

潜入我的梦境

它披着一团雾气

盛装我脑中　所有

可以幻想的美丽神奇

它让我如雀跃的小童
不厌其烦　一遍遍
描画未来的图景
让我如骄傲的水手
无数次宣告
即将踏上的旅行

它霸占我　所有
年少的渴望与憧憬
占据我　所有
青春的理想与激情——
它是一束光　是一个梦
天涯海角　吸引着我
飞驰脚步　去勇敢追寻……

2021.8.11

愿你我出走多年，归来依旧纯真。愿那曾用力怀揣的梦想，你我仍深深坚守；愿那曾狠狠憧憬的远方，你我正勇敢地一步步靠近。

人生海海

人生如浪
一遍遍无情地冲刷
我抱紧自己
如抱住一根浮木
在潮水汹涌里起起伏伏

随着波涛　随着洋流
不知从哪里来
不知往何处去
漫长无尽的旅途
我独自穿越过风风雨雨

而有些时刻
我也会突然失去动力
望着天空　禁不住叹息

禁不住松开双手

如一颗石子　一艘破损的船

轻轻地沉入深海

沉没在地球无限幽广的呼吸……

2021.7.6

时空万亿年地流逝，只有我们在苍苍老去。一生的风景，有时轰轰烈烈，有时凄凄惨惨，而最终它们都会回归平淡，如一片大海，静水流深，胸中潜藏下千千万万。

在生命的河流上

我止不住哭泣
当我明白
生命里　写满了悲伤

我努力地微笑
当我明白
悲伤　是永恒的基调

2020.2.19

是从何时起，惊觉身边的一切都在衰老、远离，并且这种进程也在自己身上发生？若假定生命的本质是乐，那世间的悲伤实在难以承负；还是假定其本质是苦吧，这样，任何一点欢乐都能让你感觉到甜。

写给父亲

你有心隐藏自己　而我也没有特别留意
可是不论发生什么　你都会来
不论我走到哪里　都未走出你的心怀
我曾竭尽全力在人间寻找爱
一次次疯狂　一次次失败
蓦然回首　始终是你守护在身后
原来　你才是原点　是归途
是生命取之不尽的　爱的源泉

2021.11.25

感恩节那天，写下了这首诗。感谢如山一般的父亲，当我在某一刻意识到自己已长成大人，才突然觉得，开始看见了你，也开始慢慢认识了你。

写给妈妈

温暖的灯下
你同我温柔地说着话
知了在屋外欢快地鸣叫
音乐在屋内欢乐地流淌
似乎一切也没有多特别
可是就如同明月
缓缓升起在夏夜
爱的晖光　就这样
无声地洒满了全世界

2022.7.18

罗曼·罗兰说“母爱是一种巨大的火焰”，我说母爱是明月一般的存在，温柔无私地滋养着我的生命。

神韵

大片大片地留白
为的只是突出那一抹亮色——
并非平淡情节中浅薄的快乐与悲愁
而是千百遍拷问　涤荡之后
平静地望着远山　夕阳
自灵魂深处显露的那一抹辉光

2019.1.7

时间的车轮不断向前翻滚，带起无穷多扬尘。然而在夜以继日的细枝末节、鸡毛蒜皮、跌宕起伏、荣辱得失之后，真正给我们的生命留下的是什么？“静如止水、穆如清风”，可能这就是国人从古至今所推崇的一种生命境界、一种至高追求吧。

假装我是个孩子

假装我是个孩子
初次睁开蒙眬的眼睛
看见的一切都很新奇
还不懂得复杂的事情

假装我是个孩子
伸着双手走走停停
每天都有知识要学习
蝴蝶和小鸟总能将我吸引

假装我是个孩子
快乐只有简单的意义
夜晚总有缤纷的梦境
穿上披风　便以为自己英勇无敌

假装我是个孩子

世界还是道　奇妙又斑斓的

谜题……

2020.1.29

岁月使我们成长，却也偷偷夺走了很多——单纯简单的快乐、对世界的好奇与热情……生命之河不可能逆流，但如果是自己遗忘的东西，试着寻找，是否有寻回的可能？

亲爱的小孩

亲爱的小孩
请不要这样哭泣
请把悲伤藏好在心底
打开你的房门
纵然外界是长长的旅程

不要流连春日的阳光
夏日里仍有百花绽放
不要慨叹昨夜的彷徨
绿林间仍有群鸟在欢唱

亲爱的小孩
请带上你骑士的梦想
守护好单纯与善良
看那自由的风拥抱天空

看那多彩的云变幻出彩虹

就让温暖充盈你的心
让星辰点亮你的眼睛
去追逐奔跑
长成坚强勇敢的大人
去策马驰骋　拥抱清晨里
每一个斑斓无限的可能……

2020.5.5

春日结束，夏日来临，可是阳光愈加灿烂，生命愈发蓬勃。我们必然要面对生命的四季，纵使旅途寂寞，但请仍让温暖充盈我们的心，勇敢地“向死而生”，去慢慢长大，去慢慢凋零。

去往天空的小船

撑起我的小船
趁着午夜出海
摇动双桨
张开白帆
天边星光点点
几只倦鸟
低低掠过桅杆

水波摇晃
枕着双手
在海浪声中
缓缓入梦
世界渐行渐远
人间变成
某种谣传

平静的梦里

也有游鱼飞鸟

孤风白云

吱吱呀呀

吱吱呀呀

这只寂寞的小舟

丢开昨日愁烦

星辉满载

悠悠驶入

斑斓的远空……

2020.8.11

白天的世界使人疲倦，不如在午夜，经由神思、梦境去往另一片斑斓的天地。在那里，没有喧扰，没有烦忧，被尘埃染着的心灵，或许可以重新寻得一丝安宁。

当你身处黑暗之中

黑夜　从不主动将世界让给光明
必须太阳　勇敢地走出

而太阳　之所以成为太阳
也只因选择了　比世界先行一步

2020.10.21

人的一生总会遭遇挫折，有人分散着碰到，有人攒一块儿遭逢。不要傻傻等待黑暗自行离开，因为它不会。你必须像太阳般勇敢地穿越黑暗，一步一步、手脚并用，似一颗种子钻出坚硬的岩石，如此一点点地将自己的世界照亮。朋友，请你加油！

你不懂我快乐的理由

我一边走路　一边看云

一边看云　一边走路

云自由　我也自由

它慢慢悠悠

我也慢慢悠悠

美丽的风儿鼓动衣袖

可爱的白云飘在风中

我的脚步跳起舞啊——

你不懂我的快乐

我是一片云哟

无忧无虑地　漫步在天空

2020.10.9

统统丢开吧，对于下一秒的期待、假定，对于上一秒的憾恨、执着。当心灵什么都不装着的时候，它便回归本真状态，清静无为、自由自在。而简单地安住于当下，便可以生出喜乐，无忧无虑，轻松得仿佛一片天空的云朵。

美学家

我用单纯的心灵　将世界欣赏
向一切　投以温柔的眼光
春的新生　夏的茁壮
秋的萎落　冬的凋亡
一切遭逢　我都敞开襟怀
接纳进胸膛——
为着流年里　所有
永不复现的
今夕昨夜　朝思与暮往

2020.9.22

既然生命是条轨道单向向前，既然一切遭逢都不会再重现，那么，我何不以审美的心态，温柔对待旅途中相遇的一切？

归家的路

一重连着一重山脉
一畦接着一畦稻田
一弯连着一弯绿水
一片接着一片蓝天
穿过一个又一个山洞
跨过一座接一座桥梁
车窗旁你倚在窗边眺望
那扇年少奔逃而出的屋门
归来　却是一段　长长长长的旅程

2022.7.14

泰戈尔说："旅人要敲遍异乡人的门，才能最后来到自家的门前；人要在异域四处漂泊，才能最终到达最深的内殿。"而我们每一个，哪一个不是这星球上出走又缓缓归来的旅人呢？

卷三

我在岁月里成为英雄

岁月是块磨刀石

高手过招

却非变成一柄利剑

而是慢慢收起尖刺

变成一朵不扎手的玫瑰

然后温柔地　相赠之

春来了

春来了

带着一首温柔的诗

我如一阵风

吹开冰封的一切

心开始融化

希望一点点萌芽

阳光染亮天空

大地换一身新衣

草木换一副表情

我呼唤鸟儿一同歌唱

缤纷的色彩从胸膛迸发

生命如同魔法

四季一遍遍轮换

而春天总是一段太美的童话

2022.3.5

生命一遍遍轮回，而春天总是全新的开始。冬日的景象如枯叶逐一飘零，阳光洒满天地，萧瑟被赶走，希望与蓬勃重新占领了世界。

春天的种子

我是一颗春天的种子
春风将我播撒向大地

外面的世界
偶尔有夜　偶尔有雨
不过还好　多寒冷的日子
太阳也照常升起

不值得夸耀　不值得赘语
千千万万种子
都在做着同样的事
风来了　紧一紧衣襟
雨来了　撑一伞天晴

静默地生长　长成该有的模样

而当秋日来临

笑着摇摇满载的枝丫

瞧啊　献给你

这一树关于生命　最美的果实

2018.2.15

年轻，意味着充满希望，同时也意味着在长成大树前需面对许多风风雨雨。树身上的褶皱，就是关于艰辛与努力的最好印证。作为一个人的成长，并不比一棵树开花结果更容易，也不比春天来到这个世界更容易。不抱怨，勇敢向前吧，不易——本就是生命的前提。

春天

清风不向大地许诺
却把春的消息默默带回世间
每个生灵都忆起最初的模样
一点点推算演绎
凝成花海　聚成绿浪
于是目力所及之处
全都是爱的光影　美的吟唱
如你　如我　如每一张
青春年少　温柔多情的面庞

2022.4.19

每一阵风都是自然的信使，不论你身在何处，只要敞开心怀，你都能接收到它传来的消息。它将我们带向初心，仿佛历经四季后重回世间的春天，那么美好、温柔，如一双大手轻轻抚过岁月留下的创痕。

樱

粉面胜雪倚春风，
半弄枝头半闲愁。
方才七分颜色好，
偏已三分是落红。

2020.3.27

缘起花开，缘散花败。是开了而败寂寞、还是不开不败寂寞？要我说，不去打扰，就无所谓寂寞。

晚樱

花开当时无须早，
物至繁华已近衰。
不争寥寥枝头艳，
万千更胜粉雪来。

2019.3.23

终归要零落的，绵绵缠缠离去，不如轰轰烈烈一回。果决、干脆、凄美、狂热，让你转不开眼，惊艳、铭记，又扼腕叹息。虽说平淡是真，但如果可以选择，我渴望这样绚烂短暂的一生。

仲春

三千柳丝着新绿，
万里红妆竞娇妍。
天涯无处不春风，
何必寻芳到人间。

2020.3.23

天涯何处不春风？花是红花，柳是绿柳，各自美好，各自开颜，迎接这已悄悄来临的春天。

落樱时节

昨日春风今夕别，
片片飞红似初雪。
待到来年花满树，
愿君仍忆少时约。

2020.4.3

昨日乘风到，今日随风别。开也寻常，落也寻常。只是在花前月下许下誓言的男男女女，是否也能将一切视为平常？

断桥

去岁桥头上，
相约春看花。
春风如约至，
红粉倚绿枝。
轻舟入碧水，
不见君远归。
桥下独折柳，
北雁寄余思。

2020.3.15

仿佛一条鱼，打捞，被搁浅在岸上；如同一阵风，吹来，转身被遗忘……曾以为我是天使，挥动着翅膀，一路向你。

暮春

繁花渐去隐尘泥，
飞柳扬絮惊百里。
落红难别春风面，
新苗却喜夏时雨。

2020.4.25

一千个人的眼中就有一千种世界，我们哪里知道真相是什么，不过是怎样的心就营造出怎样的境。落花、流水——你喜欢的，也许是我厌恶的；而我恋恋不舍的，也许是你早就想丢弃的。

春日的清晨

清晨　太阳初升
它拨开黑夜的浓雾
吹散天空的阴云
它派鸟儿为信使
传达一个
光辉的号令

万物从混沌中醒来
灵魂已感应
这热烈的召唤
于是每一株草木
每一座青山　都生机勃发

微笑着　努力成为春天里
美好的一员

2022.4.24

四季的脚步并不为谁停留。春天就快过去，夏天就快来临。趁着春光尚好，怀着温柔的心，看看这美丽的世界吧。

五月礼赞

五月　我该用什么言语
来赞美你的胸怀
用什么字句　来歌唱
你不可思议的爱

你是天空行走的流云
是林间欢唱的鸟群
是拂过麦田的大手
是回旋湖畔的晚风

你给种子以力量
给心灵以翅膀
你让万物焕发色彩
让天地舒展自由的姿态

你是无以言说的温柔

是无与伦比的美善

你拥有无数个名字

每一个只可表征窄小的片段

噢　我该用什么

表达对你的热爱

噢　我把你装进心里

用双眼的光辉来传播你的光

用灵魂的热度来播撒你的温暖

2022.5.2

飞鸟用翅膀解读风儿的情谊，流云用脚步丈量天空的胸怀。疫情耽搁了生活的步履，可生命的钟摆依旧自顾自前进。五月飞奔而至，虽有许许多多无奈，可依然要努力微笑着说一声：你好，五月。

初夏游古猗园

千竹听流水，
百红竞芳菲。
信步亭下坐，
懒言人忘归。

2020.5.5

拥有怎样的心就看见怎样的世界。我们的眼睛充满困惑，是因为心灵烦恼丛生。不论外界怎么变，祈愿我们总有一颗平和安稳的心，清清静静、欢欢喜喜地过生活。

虞美人

点点美人颜，
娇憨绿丛间。
悠哉仰面笑，
无风自蹁跹。
花猫膝下卧，
蜜官绕裙边。
欢愉有谁知，
或问蝶中仙。

2020.5.17

细细长长，看似纤弱，却玉立亭亭。无比的简单、秀雅，可以妖艳、可以清浅，可以招摇，亦可以安安静静地开在道边。

睡莲（二首）

1.

淡淡水中莲，
幽芳孤且瘦。
眼内无杂色，
心下少闲愁。
晨来兀自开，
不惊半点风。
清明自有知，
何须芒与锋。

2019.7.5

睡莲，不妖不艳，一小片或一大片地长在水中，你甚至不知它一天里是几时开、几时合。它淡淡的，既不冰冷也不热情。但你若留心，它那堪称完美的造型，以及谜一般优雅的香气，无法不教人惊异、流连。

2.

一方青空入静水，

半池金玉点点开。

伞下伊人桥上立，

相视两欢各澄怀。

2020.6.22

内心揣着金玉却浅浅淡淡地不事张扬，清明澄澈地映照出天空。何须哗众取宠？何须与人争锋？生命，本就是一次为着自己的绽放，那我只想选择自己的色彩与姿态。

端午

素手锦心绣香囊，
五色情丝其间藏。
一席酣梦醉难醒，
细结缨穗嗅冷芳。

2020.6.25

情深缘浅，不如静静地思、长长地念。相逢何必求执手，世间少人到白头。

秋日的桂花香

风吹来　甜甜的花香
吮吸　这快乐的味道
还有什么愁烦　需紧抓不放?

秋日很美　桂花很美
我也　很美

2020.9.27

我曾坚定地认为，痛苦不是生命的本质，后来才渐渐领悟，快乐同样不是它的本质——生命根本就没有什么固定不变的本质，它无实无虚，你往里装入什么，它就是什么。或许，它只是一个容器，决定其实质的，正是整个旅途中你所体验的每一缕喜怒愁哀。

重阳

忽闻九九又重阳，
夜来感思胜秋凉。
云外千家摇星火，
窗下一人对月长。

2019.10.7

总是不经意想起那些故去的亲人们，总感觉一切那么不真实、他们并没有离开。唯有在黑暗中望着天边淡淡的月，当那温柔的光照进我眼内时，方觉得似乎触碰某种永恒之物，有一点说不清、道不明的真实感慢慢充盈于心。

秋暮

少时不知别离苦，夜来愁浓人孤独。
点点灯火照远树，黄叶片片秋风舞。
秋风舞，铺冷路，三千繁华一朝无。
青山渐老人渐暮，漫漫归乡路。
一曲寂寞饮相思，望断云深处。

2019.10.27

孤月冷，心事重，枝头残叶冷瑟瑟。年岁无情，老气横秋，游子零落难入冬。

相思月

寒屋只影对青灯，点点珠泪湿墨痕。

夜无声，愁千层，谁解残月相思冷。

青丝疏，华发生，如玉少年染风尘。

染风尘，事无成，飞恨滚滚，年岁伤人。

2019.11.4

身处异乡，多少个夜晚我独坐灯下，将心情一字一句写成诗。那些诗句，生于孤独、缘于不易。可它自有一股神奇的力量，于清冷孤寂中温柔地抚慰凡人心。

寒潮

千思竞逐夜色起，独倚轩窗望愁云。

长风呼啸，寒潮骤临，

瑟瑟单衣紧，阑珊灯火胜远星。

明朝枝头黄叶尽，青丝数落意难平。

滚滚相思何处诉，任尔凌凌，任我零零，

银汉却无情。

2019.11.18

银汉迢迢，不解我老。满目黄叶飞卷，薄衣瑟瑟，阑珊灯火，根根青丝寂寞。夜深愁浓，长风无情人多情，欲寻诉处，终觉言浅意难平。

四季

你我在春天相遇　在秋天分离
盛夏过后　进入皑皑冬季
既然　世间的繁华终会萎落
枝上的花叶都回归土地
那么　当下一个轮回开启
你我会否相逢于彼岸
再度见证　又一季浪漫与美丽？

2020.2.18

相聚、分离，青春、老去。无奈于这样的自然规律，可同时又因着它，明白还有轮回、还有机会，也许在另一个时空，你我会再度相逢，犹如初见。

岁月从天空行过

朋友　我且问你
那天空里
一阵阵的风啊
那一片片的云
你以为是什么
告诉你吧
那是岁月的坐骑
是时光宽大的羽翼
它挥舞长长的鞭绳
投下暗色的阴影
它心中默念
快快跑呀　我的孩子
于是含羞的花苞
急急绽放成花朵
娇嫩的枝丫

匆匆伸展为大树

青涩的春天

眨眨眼　便蜕变成深沉

而懵懂的少年　一转身

便有了张　寂寞成熟的脸……

2022.5.13

夕阳西下，我朝窗外张望，天边那一抹抹辉煌当中，我忽然看到了你曾经的面庞……

岁月像风一样飞驰

岁月如风
跑得这样快这样急
我是那蹒跚学步的云
不住地跌倒又爬起

想要伸手够一够它的裙裾
想要从容地与它并行
哎哟喂　它却扭头甩一甩衣袖
留给我一个　扬长而去的背影

2020.10.8

忍不住感慨岁月走得太快、而我成长得太慢。我已经很努力地奔跑，可依然那么笨拙、那么不知所措。或许内心深处我根本不愿长大，所以故意拖拉着脚步吧？

岁月如风吹过

岁月如风
偶尔疯狂　偶尔温柔
一点点拂去生命的骄傲
让我们如同树木
学会谦卑　也学会微笑

我们伫立风中
将心事静静开
开成花　结成果
然后无声地一颗颗凋落

偶有些时刻
我们逆着风　拧着头
一言不发的姿态
似乎就要泄露些什么

而最终　也只是摇摇枝丫

于泥土里埋藏进一季

比岁月更长更深的　沉默

2021.2.28

年幼时，我们喜欢喧嚣、夸张，喜欢把自己的故事逢人便讲。然而岁月，沉重地一点点脱去生命的水分，把我们变得清癯、谦卑，学会了微笑、沉默，学会了独自望着远空一语不说。

诗意如花儿绽放

于某个恰当的时分
在某个精微的一瞬
那沉睡的思绪
蓦然醒来在心尖

林间阳光热烈
大地空气新鲜
她伸个懒腰
打个哈欠
而后清清嗓
轻巧地开始表演

看她灵动的舞姿
上下翻飞
看那清新的诗意

如瀑如泉

于是一幅美丽画卷

就如山野的花儿般

悠然绽放在　我的面前

2021.8.12

灵感，有时轻盈如一阵风，有时汹涌如汪洋；有时猝不及防地来，有时也藏于你的苦思冥想中。如何捕捉呢？要我说，只能像一个勤勉的猎人，常常在山林转悠，总归有一点幸运，偶尔会碰巧捕捉到些什么。

一首诗的价值

采摘　一百朵花的美好
酿造　一滴甘醇的蜂蜜
生活苦口
倘若　就着这一滴
使一切　变得可以下咽
那么　所有的辛劳
便有了　非凡的价值

2020.10.13

何为诗的本质？何为诗人的本质？——像蜜蜂酿蜜一样，把生活中的酸甜苦辣精炼提纯，而后酿造出清香醇美的诗意奉献给读者，以期为躁动粗糙的生活带来一分清凉、一丝甘甜——这或许就是诗人最大的期许，亦是一首诗最大的价值。

我在岁月里成为英雄

岁月　是块磨刀石

高手过招

却非　变成一柄利剑

而是慢慢　收起尖刺

变成一朵　不扎手的玫瑰

然后温柔地——

相赠之

2020.10.13

曾以为，锋利是面对世界的最好方式，所以让自己一根根长满了刺。后来渐渐明白，力的作用是相互的，刺伤他人的同时亦会弄疼自己。所以，温柔，其实才是对待世界的最好方式。如罗曼·罗兰所说，“世上只有一种真正的英雄主义，那就是认清生活的真相后，依然热爱它”。

倾听盖娅[1]

我曾多么美丽
有着明亮的眼睛
健康活力的身体
仿佛一首流动的诗

聪明的人类
我最年幼的孩子
自从你来到世界
我的心就一点点破碎

清澈的河流难道不美
葱郁的森林难道不令你陶醉
为何蒙昧地手足相残

1　盖娅：希腊神话中的大地女神，众神之母。

为何将我的鲜血一点点抽干

我在黑夜痛苦地呻吟
也在白天高声地呐喊
而你一如既往地喧嚣
从未肯倾听我的疲劳

我一步一停喘息
终于不再能负重前行
请原谅我的严厉
痛下决心给你一丁点教训

曾令我骄傲的稚子
你已丧失敬畏和怜悯
疯狂的眼中只看见自己
恐怖的言行把一切送入地狱

请你停下仓促的脚步
重新审视蒙尘的心灵

请你悔改犯下的错误

悉心呵护受伤的土地

噢　亲爱的孩子

我真的没有不竭的动力

蓬勃的生机一旦失去

人类的家园　顷刻分崩离析

跳动的心脏一刹归于平静

世间的一切　顷刻灭绝殆尽……

2020.2.9

地球病了，是人类这个世上最年轻的物种使她生病。一切变得恐怖，水不再洁净，空气使人中毒。不仅如此，人类还拖带着其他物种一起加速灭亡。如一些科学家和哲人所说，人类，可能只是地球的过程性产物。

立春

久觅诗情诗不来，
苦候花容花不开。
问君可知芳菲意，
莫教春心任风裁。

2019.2.4

漫长的冬季终于过去，温暖虽远未到来，但已有了春的气息。像春回大地一样充满生机、充满希望地去生活，去追寻心之所向吧。人的一生并没有多少个春天，若是适逢美好，千万别任其白白溜走。

雨水

江南多愁日日雨，

阴湿更比凛冬寒。

难为草木善解语，

暗问春君几时还。

2019.2.18

在一个比冬天更潮湿、更寒冷的春天里，外婆与外公相继离去。人生在世，生死不过存于一呼一吸间。看着一位位长辈们灰白的头发和不再年轻的身形，不能不感叹岁月的仓促无情。请将对外人的温柔、耐心、毕恭毕敬多留一些给亲人吧——虽然，最该被这句话教训的，就是我自己。愿外公、外婆往生极乐，外孙女永远怀念你们！

惊蛰

木欲吐绿花欲红，

鸟雀声声欲碧空。

得意总是迟来到，

长寒过后才春风。

2019.2.18

春的脚步来得这样迟，漫长的冷风、漫长的阴雨。它也感到迟疑、畏怕吗？也要战胜各种艰厄才能出现吗？大道如此，天地如此，那人生又何尝不是如此呢？

春分

满目芳菲无穷艳，
岂是片纸可尽书。
春风驰久非时力，
待到欢颜始觉出。

2019.3.20

参天大树不是一日长成，春风亦非一夜吹绿大地。可春风不抱怨世人没能从未绽放的花苞里嗅到芬芳，亦没能从枝头摇摆的黄叶中窥见生机。它只是照旧日复一日吹着，当鲜花芳草缀满大地，世人自然明白，啊，春天真的来了！

清明

春风有诗花为媒，
故人西去不复回。
处处桃红柳又绿，
一剪相思飘落谁。

2019.4.5

生老病死，那些无法抗拒的事件、无法阻挡的悲伤，成为生命中一抹永恒的暗色，在所有阳光明媚的日子里隐藏于背景之中。但也正因为这抹暗色，让生命变得厚重、沉稳、丰富，摆脱轻浮、浅薄，愈加懂得珍惜、懂得来之不易。

谷雨

春风饮醉乱如丝，
拂却锦绣君不知。
一曲芳菲悄落幕，
来年相逢莫相失。

2019.4.14

再美的物事都有告别的一刻。若能以某种方式，将其最美的一瞬留下来——存于心中、纸面，或是其他什么载体，使之超越有限、无常而达至永恒，那么它的现实存在不论短长，都有了无限的意义。纵使别离，也可觅得些许慰藉。

立夏

新绿层染微雨前，
催落残红歇芳烟。
人间几多无情事，
吟罢春诗不少年。

2019.4.30

一切都太仓促，还在拒绝着夏天的到来，仍在挽留着春天的脚步……我尚未准备好长大，却已被赶上衰老的路途。

小满

鸟鸣远枝闲日长，
一半新草一半黄。
飞光流影转目尽，
莫使峥嵘作恓惶。

2019.5.17

人的一生，前三分之一懵懵懂懂，后三分之一精力不济。能用以拼搏的也就中间那段，还不时充斥无数萎靡不振、浑浑噩噩的时刻。光阴飞逝，本就难以把握，若不竭尽全力，一不小心，余生就徒剩懊悔了。

芒种

野风带雨陌上行，
不见朗日不见云。
众人似有百事忙，
我独清凉寄闲情。

2019.6.1

忙着生产制造，忙着浪费消耗。那么多忙忙，却多半是重复、多半是碌碌。你看，夏天的阳光、热风已不知不觉逼人，时间走得多快啊，何不停下来好好想想，往后的时光希望怎样度过？

夏至

暑气蒸腾万木燥，
百鸟倦飞人归巢。
似有无尽愁烦意，
欲语却借骤雨浇。

2019.6.18

心中总感觉缺少什么，却又不知究竟少了什么。有很多情绪，说不清、道不明，难以言说。总是想方设法去认识外部世界，可自己的内心都这样难以了解，那我们原以为、自以为正确的认知真的准确吗？会不会是根本错误、荒谬的呢？

小暑

温风炽盛白日长，
手摇蒲扇树下凉。
路人只见藕花好，
我觉青桐一叶黄。

2019.7.5

“物壮则老，谓之不道，不道早已”。如果成住坏空是无可避免的规律，如果繁茂意味着衰败的开始，那么不如让绚烂来得晚一点。而在此之前，慢慢积累、慢慢沉淀，等到盛开的那一霎，无所保留地献上全部芳华。

大暑

酷日炎炎何厌厌，
身懒意怠百草蔫。
木上鸣蝉欢声噪，
更知岁短惜华年。

2019.7.18

天气酷热，花花草草也怕被晒坏吧？蒸腾太旺，精力不足。反正世事十之八九都无甚意义，不如找个凉处避暑？“忙”是生活的一种方式，“静”亦是。

立秋

晚来凉风起秋刑，
满池瑟瑟意难平。
纤纤红粉今且去，
出落莲实愈亭亭。

2019.8.4

岁月是可怕的，让娇美的容颜日渐衰萎；岁月又是可爱的，让空空的头脑日益丰盈。既然无可抗拒，那么努力随着岁月优雅地老去，让生命的每一阶段都有自己的美丽与价值。

处暑

河畔悠悠晚来风，
秋气渐出暑渐收。
几珠微雨点落叶，
此岸欢声远岸钟。

2019.8.21

夜里忽来一阵凉风，瞬间将心头的烦意吹散。也不知是从何时开始，猝然意识到幸福来之不易。而当那些美好的时刻、温柔的善意降临，便认定要好好珍惜、好好感激。

白露

花神感思起白露，
夜华凝涕点点霜。
金风无言天地旧，
寒蝉别岁百木伤。

2019.9.6

古人取露水烹茶，进入仲秋，清晨渐浓的露水应该也是有灵性的。或许是万物感怀的泪水，因着岁月的飞逝，因着天地的无情。而囿居其中的人类，又怎能免俗？

秋分

一卷秋风无穷绪，
从此山河是故人。
唯有孤星千年冷，
不解白发月下生。

2019.9.21

秋起了，起了很久。空气中有股悲凉的情绪在隐隐作祟，乱七八糟地吹到这里、吹到那里。而我比秋风更老，一叶叶萎落，却不知归途为何。

寒露

晨有白雾绕西窗，
秋气无言人自伤。
片片爽利乘风起，
更笑银杏叶叶黄。

2019.10.6

如果只看到萎落，大概要怨憎天地的无情。可如果注意到萎落背后的新生，就会明白无情即大爱。万物正是通过彼此的生与死来真正相连，天地也正是通过有限生命的往复循环来达至无限和永恒。

霜降

长风舞刀霜舞剑，
叶落纷纷仇来见。
今夕仍念旧时好，
奈何缘去两相厌。

2019.10.21

秋渐入尾声，秋气伤人，心中的感怀愈加伤人——生命本不痛苦，是我们对它的错误理解才导致痛苦。如何才能平静地来、平静地去，把生死看成一件如吃饭、睡觉般平常的事？

立冬

银杏已黄枫已红，
枝头瑟瑟数北风。
三千颜色抽身去，
一朝冷落总是空。

2019.11.6

冬来了，但我的悲伤并不比春日时更多。天地也会累、会想要休息，想要安安静静、甚至孤独地，丢开所有逼迫人的“积极”，让一切慢下来，放松，沉睡。如同黑夜之于睡眠，而这更长一些的冬季，也让万物在肃穆清冷中，重新与天地建立连接，生养静气，返璞归真。

小雪

秋痕渐了心事冷，

万类消沉息音声。

几缕孤风惊空过，

天疏地远人归真。

2019.11.20

拾拣几片美丽的落叶，小心夹进书本。这是时间的线索、是生命的痕迹。等着等着，或许某天会送给你，而你能否读懂其中的珍贵呢？

大雪

北国皑皑千里雪，
积落枝头暮色斜。
谁怜孤旅他乡冷，
漫天飞愁不肯绝。

2019.12.5

独在异乡一年又一年，看着周遭的景致从春到夏、从秋到冬，年少的我们，也从风华正茂一点点到华发杂生。我们慢慢融入他乡的风景，可那生养、哺育我们的故土，却也同时在不知不觉中渐渐远去、陌生了。

冬至

天寒日短岁近暮，
齐家围坐小火炉。
独在远乡漂泊客，
何日相携返归途。

2019.12.20

三星高悬中天，年岁将尽，相思愈紧。谁怜孤旅苦？盼归家，难归家，终日漂泊少年老，却畏事无成。

小寒

天地迷蒙山色白，
半尺积雪覆楼台。
蜡花开得浓艳处，
一抹暗香乘风来。

2020.1.4

风冷夜寒，好似黎明前的黑暗，郁痛的是黎明后依然未必会见好转。把遭遇的一切都当成修行，把经历的一切都当成学习。如果已然尽力，那就随顺因缘，坦然接受结果和平凡。

大寒

飞雪莹莹气成冰，
寒透肌骨面色青。
勃勃春气暗萌动，
不日便有百花新。

2020.1.19

各种困难接近极致，却也总有穷尽之时。世间的道理煞是有趣，物极必反，越是黎明前越是黑暗，越是春意渐至越是大寒。

大寒之夜

心有清净地，
处处生莲花。
积落一身雪，
可巧以烹茶。

2020.1.20

生活中永难事事如意，如果陷在悲伤烦恼里不能自拔，不仅于事无补，而且是对生命这张“考卷”的浪费。不论你能答出多少、有多大把握，振作精神去奋笔疾书。活着，便要学会流着泪微笑、痛并快乐着。

图书在版编目（CIP）数据

发现爱的过程 / 洪蕾洁著. —上海：上海交通大学出版社，2022.11

ISBN 978-7-313-27509-7

Ⅰ. ①发… Ⅱ. ①洪… Ⅲ. ①诗集—中国—当代 Ⅳ. ①I227

中国版本图书馆CIP数据核字（2022）第177493号

发现爱的过程

FAXIAN AI DE GUOCHENG

著　　者：洪蕾洁

出版发行：上海交通大学出版社　　地　　址：上海市番禺路951号

邮政编码：200030　　电　　话：021-64071208

印　　制：苏州市越洋印刷有限公司　　经　　销：全国新华书店

开　　本：889mm × 1194mm　1/32　　印　　张：7.5

字　　数：119千字

版　　次：2022年11月第1版　　印　　次：2022年11月第1次印刷

书　　号：ISBN 978-7-313-27509-7

定　　价：68.00元